DISCOURS

DE

M. THIERS

Prononcé à ARCACHON

Le Dimanche 17 Octobre 1875

MESSIEURS,

Je vous remercie bien sincèrement de la démarche que vous faites aujourd'hui auprès de moi, et qui me touche profondément par les souvenirs qu'elle me rappelle. C'est au milieu de vous, en effet, que j'ai passé les quatre mois affreux de nos malheurs. Vous m'avez vu tous les jours, consterné, désolé comme vous l'étiez tous, des bruits de nos désastres, qui se succédaient sans interruption, et me demandant avec désespoir comment on pourrait y mettre un terme. Tout à coup, dans cette situation qui semblait sans remède, je me suis trouvé accablé du fardeau du pouvoir, qui n'était certes pas enviable, mais qui n'était pas refusable non plus; et vous avez vu de vos propres yeux les efforts que je faisais pour tenir tête à la mauvaise fortune de la France! Vous êtes donc mes témoins devant elle, mes témoins devant l'histoire, et je vous remercie de venir en ce jour m'apporter votre sincère et loyal témoignage.

Vous avez tout vu, messieurs : pas une armée; et si j'en avais possédé une, pas de ressources pour la payer; deux cent mille ennemis devant Paris, autant en Champagne et en Bourgogne, cent cinquante mille à Tours menaçant Bordeaux, cent cinquante mille à Bourges menaçant Lyon; tous les partis debout, prêts à en venir aux mains; les villes du Midi liguées pour la République, Paris livré à la Commune, et pour former un gouvernement qui surmontât ces difficultés, la défiance universelle des esprits prêts à refuser leur concours au gouvernement qui ne répondrait pas à leurs passions! — Dans cette situation, dont le souvenir, quand j'y pense, m'émeut profondément, ai-je hésité? Non. Je ne me suis pas demandé si je réussirais, je n'ai songé qu'à mon devoir, qui n'était pas de réussir, mais de me dévouer. Je n'ai pas pensé davantage à la monarchie ou à la République, j'ai accepté le pouvoir sous la forme qu'on lui a donnée et tel que les événements l'avaient fait, résolu à rendre le dépôt tel qu'on me l'avait confié. Conclure la paix, la faire la moins cruelle possible, rétablir l'ordre, les finances, l'armée, et, si je le pouvais, en payant la rançon du pays, le délivrer de la présence de l'étranger, telle était la tâche à remplir, la seule dont je me sois occupé et que j'aie annoncée au pays. Avec l'aide de la France elle-même, qui ne s'est point abandonnée, avec l'aide de Dieu, qui a été clément pour nous, les premières difficultés ont été surmontées, nous avons vu un peu d'ordre se rétablir, et nous nous sommes trouvés aux portes de Paris.

J'avais pu, avec les restes de nos défaites, réunir une force militaire de 150,000 hommes, et, si c'était assez pour essayer d'arracher Paris à la Commune, ce n'était pas assez pour contenir toutes les grandes villes de France, profondément inquiètes pour le maintien de la République, et venant nous demander avec défiance et irritation si c'était pour la monarchie que nous combattions. — Non, non, leur ai-je dit, c'est pour l'ordre, l'ordre seul, et, agissant au grand jour, j'ai porté à la tribune la réponse que j'avais faite : personne ne m'a démenti ; tout le monde, au contraire, a voté l'ordre du jour que je demandais. Paris a été arraché à la Commune, les assassins des otages ont été punis au nom des lois, et par les lois seules, et la France a respiré !

Ce jour-là, m'a-t-on dit quelquefois, vous pouviez tout. Hélas ! non. La moitié de ma tâche était à peine accomplie ; l'ennemi occupait les forts de Paris et dévorait nos campagnes, de la Seine à la Meuse ; d'affreux conflits pouvaient tous les jours éclater et rallumer la guerre ; et enfin, pour retirer une à une nos provinces des mains de nos vainqueurs, il fallait des milliards, et pour avoir des milliards, rétablir le crédit. Eh bien ! le crédit, je l'ai demandé à la politique d'apaisement. Croyez-vous que si, me démentant audacieusement le lendemain du jour où j'avais déclaré que nous combattions pour l'ordre et non pour la monarchie, j'avais essayé de la relever, j'aurais obtenu l'apaisement des esprits, sans lequel toute opération financière était impossible ? Non, assurément ; au contraire, en restant fidèle à la parole donnée devant l'Assemblée nationale, les hommes d'ordre étant rassurés par la destruction de la Commune, les républicains devenus confiants parce qu'on ne les avait pas trompés, un calme inattendu et qui a étonné l'Europe s'est produit tout à coup : j'avais besoin de six milliards, on m'en a offert plus de quarante, et j'ai pu, en deux ans, reprendre un à un nos départements occupés, libérer le territoire, et rendre la France à elle-même.

Voilà les faits, messieurs, et si je vous les rappelle, ce n'est pas pour faire ressortir la part que j'ai pu y prendre ; non, le pays lui-même veut bien me les rappeler tous les jours, sans que je vienne moi-même réveiller sa généreuse mémoire. Ces faits, je vous les rappelle pour en tirer l'enseignement dont nous avons besoin, et qui doit décider de la conduite que nous avons à tenir pour notre salut définitif.

A Bordeaux, à Paris, avant et après la Commune, y a-t-il eu un jour, un seul, où nous ayons pu songer à rétablir la monarchie ?... A Bordeaux, il eût été fou et coupable d'y songer, quand aucune des choses urgentes qui étaient à faire n'était seulement entreprise ; sous les murs de Paris, c'eût été la plus souveraine des imprudences ; le lendemain, le plus audacieux des manques de parole, et le contraire, surtout, de cette politique d'apaisement qui seule a libéré le territoire et rouvert la carrière de l'industrie, du commerce, de l'économie, complétement fermée pour nous.

Un jour devait venir cependant où la question de la forme du gouvernement se poserait devant le pays, naturellement et nécessairement. La France étant délivrée de la présence de l'étranger, et ce « noble blessé », comme je l'avais qualifiée, ayant recouvré ses forces et la liberté de ses esprits, tous les partis à la fois ont demandé qu'il fût pourvu à la constitution du pays. A ce moment, messieurs, ai-je pris sur moi de soulever cette redoutable question ? Non, j'en connaissais la gravité ; je me suis borné à signaler l'état de l'opinion, en laissant, bien entendu, à l'Assemblée nationale, le soin de prononcer ; car, je me hâte de le dire, j'aurais pu décider la question à moi seul, que je ne l'aurais pas fait. D'une monarchie de douze siècles, moi humble citoyen, vouloir faire une République, une République à destinée inconnue ! Non, non ; j'aurais été, ce que je n'étais pas, tout-puissant, disposant d'armées victorieuses, que j'aurais regardé comme une impiété de me substituer à la nation !

Je n'étais, je ne pouvais être que son dévoué serviteur, et je me suis borné à mettre sous ses yeux la question que je n'avais pas soulevée et que la Providence avait seule placée devant nous. Mais en la présentant avec ma franchise naturelle, j'ai laissé voir mon opinion personnelle, et alors l'Assemblée nationale, usant de son droit, s'est séparée de moi.

Loin de m'en plaindre, je l'en remercie. Ma tâche la plus indiquée était achevée ; les choses incontestablement bonnes, telles que le rétablissement de l'ordre et du crédit, la libération du territoire, étaient accomplies, et il ne restait que la tâche ingrate, impossible, de satisfaire les partis, voulant chacun le contraire de ce que voulaient les autres. Sans doute, j'aurais pu légalement retenir le pouvoir, à une condition toutefois : c'était de changer le ministère en appelant des hommes qui croyaient la monarchie désirable et surtout possible. Je n'ai cru ni digne d'un bon citoyen, ni utile pour le pays, d'agir de la sorte. Le pouvoir m'étant redemandé, je l'ai remis à l'instant même, sans hésitation, sans regrets. Peut-être aurais-je pu opérer quelque bien encore ; mais il y avait quelque chose de plus urgent: c'était d'éclairer le pays, et de l'éclairer complétement sur la possibilité de refaire la monarchie. Pouvait-elle être rétablie ? Y avait-il à-propos, utilité, possibilité, chance de durée à l'essayer?

Il appartenait aux auteurs du 24 mai de faire sortir cette vérité des obscurités de la situation. Moi présent au pouvoir, il serait resté aux partis le prétexte de ma mauvaise volonté. Les hommes du 24 mai au pouvoir, toute fausse interprétation devenait impossible. C'était à eux à faire la lumière, et, je crois pouvoir l'affirmer, ils l'ont faite éclatante, irrésistible.

En effet, eux présents au pouvoir, et, le sachant, ne l'empêchant pas, on est allé à Frohsdorf, et, qu'on me permette de le dire, sans se soucier beaucoup des lois, on est allé traiter de la couronne de France !

Loin de blâmer mes successeurs de leur attitude en cette occasion, je trouve bon qu'ils aient ainsi laissé tout faire, tout tenter ; mais alors, il faut bien m'accorder que la preuve est complète, sans que rien y manque, et je me borne à cette question : « La monarchie a-t-elle été rétablie ? »

A cette simple question, j'entends la voix des partis : C'est la faute du comte de Chambord ? disent quelques-uns. Loin de moi, messieurs, l'inconvenance de blâmer M. le comte de Chambord, et l'inconvenance tout aussi grande de le défendre. Je crois être plus respectueux en ne le jugeant pas ; mais ses amis répondent pour lui à ceux qui l'accusent : C'est votre faute, à vous, disent-ils, à vous qui avez voulu faire des conditions au roi ! — Je ne juge, je le répète, ni les uns ni les autres ; mais la monarchie sans conditions n'a pas été faite. Restait la monarchie à conditions, et elle avait ses représentants naturels dans les princes d'Orléans. Dieu me garde de les juger, eux aussi ! J'ai loyalement servi leur auguste père, et je n'aurai jamais pour eux que les affectueux respects que je leur dois. Mais, on le sait, ces princes avaient déposé aux pieds de M. le comte de Chambord l'engagement de s'abstenir de toute prétention. Dès lors, la maison de Bourbon était hors de cause. Restait le jeune successeur des Napoléons, achevant son éducation et chargé de la mémoire encore toute fraîche de nos désastres. Aussi, messieurs, après avoir échoué à Froshdorf, personne n'a essayé de réussir ailleurs ; et pendant près de deux années, nous avons eu sous les yeux le spectacle monotone et triste de l'impuissance des partis, s'accusant les uns les autres d'être impossibles, s'observant toutefois d'un œil jaloux, toujours prêts à s'unir contre celui qui semblait avoir un avantage d'un moment sur les autres, et n'hésitant pas à lui préférer hautement la République.

C'est devant ce spectacle que l'Assemblée nationale, péférant, on peut le dire sans lui manquer de respect, préférant la monarchie, mais reconnaissant son impossibilité, a, dans un sentiment de sagesse, voté la République dans la journée du 25 février.

Eh bien, messieurs, la République est votée; que faut-il faire ? Je réponds sans hésiter : une seule chose, et tous, tout de suite, s'appliquer franchement, loyalement, à la faire réussir. Quelque avenir qu'on puisse prévoir, il n'y a pas d'autre devoir que celui-là.

Je vois bien des gens, impatients de pénétrer l'avenir et oubliant la fable, imitant les anciens Grecs qui allaient consulter le Sphinx... Vous le savez tous, l'animal perfide les écoutait sans répondre, et quand ils n'avaient pas deviné l'énigme, il les dévorait. Ne recherchons pas un avenir inconnu, et consultons le devoir présent, évident, indéniable.

La République est votée, et, sous peine d'être les plus inconséquents des hommes, il faut, je le répète, la faire réussir. — Faire réussir la République, me dira-t-on, c'est bien difficile ! — Oui, je le reconnais; mais la monarchie tombée trois fois en quarante ans, est-elle donc plus facile? Sans doute, il dépend des partis monarchistes d'augmenter cette difficulté par leurs résistances, leur opposition ouverte ou cachée ; mais rendront-ils pour cela la monarchie possible ? Non ; les mêmes causes subsistent et subsisteront longtemps. Supposez, par une odieuse prévision, que la maison de Bourbon n'eût plus qu'un seul représentant, il resterait les Napoléons, que nous pouvons voir voter certains jours avec les Bourbons, mais que nous ne verrons jamais régner ensemble. Or, c'est bien assez de deux dynasties pour la guerre civile, sans qu'il en faille trois. La rose blanche et la rose rouge y suffisent, et il n'est pas besoin d'en imaginer une troisième.

En créant des difficultés à la République, on ne rendrait pas, je le répète, la monarchie plus facile, et on ne rendrait possible que le chaos, et, pour fin dernière, des malheurs cette fois irréparables.

Aujourd'hui, quelle est la situation véritable ? La République n'est plus une question de principe, mais une question d'application, et c'est là que commencent non-seulement nos devoirs à tous, mais ceux du gouvernement lui-même.

Le pouvoir est resté aux hommes du 24 mai ; non pas à tel ou tel, mais aux principaux. On leur a laissé le pouvoir, et on a bien fait. C'était la seule manière de les laisser sans souci et sans pretexte fondé à l'égard du maintien de l'ordre, qui était la grande objection faite à la République. Ils l'ont conservé ; mais c'est à eux à bien considérer l'usage qu'ils en feront

On me dira que c'est ce qui s'était passé à Bordeaux lorsqu'on avait laissé la République dans les mains des monarchistes. Cela est vrai ; mais je prie de ne pas oublier que, parmi ces monarchistes, il y avait trois ministres républicains très-anciens, très-persistants, et que tous les autres ministres étaient pénétrés de la nécessité de la République, et agissaient tous avec une parfaite unité d'intentions et de vues.

C'est aujourd'hui ce qu'il faut souhaiter et obtenir.

Je comprends qu'on soutienne qu'il faut des conservateurs au pouvoir. Je l'admets, car, pour ma part, j'ai toujours été conservateur, et, quoi qu'en ait dit mon ancien collègue et ami M. Magne, que je remercie de la justice qu'il a bien voulu me rendre et que je lui ai rendue en tous temps, j'ai toujours été conservateur et toujours voulu le paraître autant que je l'étais. Mais il faut s'entendre sur ce mot et prendre garde à l'interprétation qu'on cherche à lui donner. Par exemple, on établit des classes parmi les conservateurs, et puis on dit : Point de radicaux d'abord. — Soit, si par là on entend les partisans de certaines théories économiques, financières et sociales, que les radicaux professent et renonceraient bientôt à pratiquer s'ils arrivaient au pouvoir. Mais on ne s'en tient pas là, et après avoir repoussé les radicaux en personne, on repousse ceux qui, sans être radicaux, mèneraient à eux par leur manière de faire : de sorte qu'il y a les radicaux d'abord, dont il faut se défendre, puis ceux qui mèneraient aux radicaux sans l'être ; puis, enfin, par voie de conséquence, ceux qui nous mèneraient aux complaisants des radicaux ; et, en continuant ces classifications, il pourrait bien arriver qu'on n'admît au service de la République que ceux qui n'ont jamais voulu d'elle et qui n'en veulent pas même aujourd'hui.

Sans doute, le pouvoir ne doit pas être une compétition de places, une lutte d'ambitions ; mais cependant il faut faire servir un gouvernement par ceux qui en ont toujours voulu, et, au moins en partie, par ceux qui, n'en ayant pas voulu autrefois, en veulent aujourd'hui. Autrement, qu'arriverait-il ? On aurait des fonctionnaires, et, en parlant des fonctionnaires, je n'entends pas cette partie modeste, laborieuse, infatigable de l'administration qui a toujours servi admirablement la France ; qui, le lendemain de chaque révolution, est toujours venue reprendre le cours des affaires, les enseigner aux nouveaux venus qui les ignoraient, et a toujours maintenu invariable la marche des services publics : je parle des fonctionnaires politiques, changeant avec la politique et en étant la représentation aux yeux des peuples.

Eh bien, on aurait des fonctionnaires qui n'osent pas prononcer le nom du gouvernement qu'ils servent ; à qui, par exemple, c'est un miracle d'arracher le mot de République ; qui parlent de la France, nom sacré qui nous est cher à tous, qu'il est toujours à propos de prononcer, mais qu'il ne faudrait pas toujours prononcer uniquement pour n'en pas employer un autre.

Ce n'est pas ainsi, messieurs, qu'on rallie les populations incertaines, soupçonneuses, et qu'on se fait suivre par elles dans les voies où l'on marche, et qui sont les seules où vous puissiez marcher désormais. On s'expose, en agissant de la sorte, à offrir au pays un gouvernement incertain, tiraillé, énigmatique, dans lequel on cherche, sans la trouver, la pensée qui le dirige.

Du reste, messieurs, les élections approchent, et c'est à la France qu'il appartient d'imprimer au gouvernement l'unité dont il a absolument besoin. Que, se gardant de tout esprit d'exclusion, car les gouvernements exclusifs sont stériles, la France, agissant avec discernement, accueille tous les hommes qui ont su prendre leur parti, et se garde de ceux qui, républicains le jour du scrutin, se hâteraient le lendemain d'expliquer leur profession de foi par l'article de nos lois constitutionnelles qui stipule la révision.

Qu'en abordant les urnes électorales, la France n'oublie pas qu'elle a son système financier à compléter, ses lois militaires à revoir, car celles qu'on a faites ne sont pas toutes bonnes, ses traités de commerce à renouveler en 1876, son enseignement à développer d'après les bases de la société moderne; et si à toutes ces difficultés de système, qui rendent les solutions si laborieuses, venaient se joindre les difficultés naissantes des divisions des partis, lesquelles ont rendu tout si difficile dans l'Assemblée actuelle, que la France n'oublie pas qu'elle n'aboutirait qu'au chaos dont je parlais tout à l'heure, et achèverait de perdre son temps devant l'Europe, qui ne perd pas le sien, car il n'y a pas une nation qui ne s'occupe aujourd'hui de se rendre à la fois plus forte et mieux ordonnée.

A ce mot de l'Europe, j'entends plus d'une voix me dire : Eh bien ! quand vous aurez fait tout cela, et même quand vous y aurez réussi, vous resterez toujours seul ; car jamais la République ne trouvera d'alliés dans le monde. Permettez-moi à ce sujet quelques mots encore, qui ne seront peut-être pas déplacés dans ma bouche. Les partis font l'Europe chacun à son image ; et, je leur en demande bien pardon, en la faisant à leur image, ils se trompent souvent.

L'Europe aujourd'hui est parfaitement raisonnable, parce qu'elle est profondément éclairée. Et pour sympathiser avec elle, savez-vous ce qu'il faut? Un gouvernement raisonnable comme elle. Sans doute, l'Europe n'a pas toujours été ce qu'elle est dans le temps présent, mais, croyez-le bien, elle n'est plus l'Europe de 1815, ni celle de 1830.

Alors, sur tous les trônes, dans tous les cabinets, il y avait des princes et des ministres qui avaient combattu quarante ans la Révolution française ; et lorsque tout à coup, en 1830, ils la virent sortir du tombeau où on la croyait ensevelie à jamais, ils furent profondément émus et troublés. — J'ai vu ces temps, ils ne sont jamais sortis de ma mémoire.

Il semblait à toutes les imaginations que l'affreux Robespierre, que le grand et terrible Napoléon allaient reparaître et renverser tous les trônes. Ces vaines erreurs furent bientôt dissipées ; mais la défiance, les rancunes restèrent ; l'Europe se maintint armée et coalisée contre la France, et, même après avoir évacué son territoire par l'action efficace et patriotique de l'illustre duc de Richelieu, elle ne cessa pas de se réunir presque tous les ans en congrès pour veiller aux événements, et au besoin pour marcher sur la France et y étouffer la Révolution qui, disait-on, menaçait tous les gouvernements et toutes les sociétés

Je vous le demande, y a-t-il rien de semblable aujourd'hui ? Sans doute, lorsqu'il se passe quelque chose de grave chez nous, on y regarde, car la France n'a pas cessé d'être un objet de grande attention ; mais la pensée unanime de tous les gouvernements, c'est de respecter scrupuleusement l'indépendance de la France, et de lui laisser à elle seule le soin de ses propres affaires.

Ainsi, il y a quarante ans, le principe de la politique européenne était l'intervention, et maintenant, au contraire, la non-intervention est le principe adopté dans tous les cabinets.

Telle est la différence capitale que l'œil prévenu des partis n'aperçoit pas, et la cause de cette différence c'est que le temps a marché, son flambeau éclatant à la main. On avait voulu maintenir par la force les dynasties qui régnaient en France, en Espagne, à Naples, en Toscane, en Lombardie, et on s'est bientôt convaincu que jamais des gouvernements durables ne pourraient reposer sur l'influence étrangère. On a dès lors reconnu qu'il fallait laisser chaque nation faire son sort elle-même ; et en ce moment, cette conviction est poussée si loin, que si, comme en Herzégovine, par exemple, il éclate quelque trouble, la première pensée est de ne pas s'en mêler, la seconde de ne pas chercher à en profiter par respect pour le repos général, la troisième enfin de conseiller aux peuples la soumission et à leurs souverains les réformes commandées par le temps et l'humanité. Et ces sages princes européens qui conseillent ainsi les réformes aux princes orientaux n'ont vraiment pas mauvaise grâce à le faire, car tous se sont montrés dans leur pays de grands et sages réformateurs dont l'histoire proclamera les bienfaits.

Cherchez en effet, regardez sur tous les trônes de l'Europe, et vous verrez qu'il n'y a pas un prince qui ne soit occupé à réformer ses Etats sous les rapports sociaux, administratifs et politiques ! Tous se consacrent à cette œuvre méritoire, excepté toutefois l'Angleterre, oui, l'Angleterre, qui, s'étant donné depuis longtemps la liberté, s'est assuré à jamais le germe de toutes les réformes possibles et imaginables.

Telle est l'Europe de 1875, si différente de celle de 1815 et même de 1830. Elle était liguée, il y a quarante ans, contre les réformes, et présentement elle est tout entière réformatrice. Je supplie donc ceux qui croiraient se rapprocher d'elle en résistant à l'esprit du siècle, de comprendre qu'au lieu de se rapprocher d'elle ils s'en éloigneraient peut-être, et s'attireraient, au lieu de sympathies, des appréhensions, peut-être même du blâme.

On insiste et on me dit : Oui, malgré tout ce que vous pouvez alléguer, ces sages princes peuvent être des réformateurs, mais ils ne sauraient être des républicains. Je me hâte de le reconnaître, et je ne prétendrai jamais qu'il puisse y avoir des républicains sur les trônes de Russie, d'Allemagne, d'Autriche, d'Italie et même d'Angleterre. Mais croyez-vous donc que ces souverains aient les yeux fermés quand vous croyez les avoir ouverts? Vous n'aimez pas la République, et plusieurs d'entre vous l'ont votée, par raison, par patriotisme. Eh bien! croyez-vous que tout ce que vous savez, l'Europe ne le sache pas, que les raisons qui vous ont décidés ne lui soient pas connues? Non, non, elle sait qu'il n'y avait de possible que ce que vous avez fait et vous approuve de l'avoir fait. Elle sourit quand on lui prête telle ou telle préférence. Elle n'a ni amour ni haine; elle a le souci du repos du monde; elle y tient par intérêt, par humanité, par hauteur de vues, et il y a tel changement que vous supposez devoir lui être agréable, qu'elle verrait avec grande inquiétude, parce qu'elle ne le croirait ni sensé, ni durable.

Quant à la France, elle l'estime, s'intéresse à elle, souhaite son rétablissement, car elle sent la France indispensable à l'équilibre européen. En voulez-vous une preuve? Ce printemps, un trouble de cause inconnue s'est produit dans les esprits, des craintes de guerre ont envahi toutes les imaginations, et alors l'Europe s'est-elle montrée hostile ou indifférente à la France? Loin de là! Un cri de paix est parti de tous les cabinets, et la paix a été maintenue par la puissance du sentiment universel. On parle d'alliance; n'est-ce pas là de la véritable, de la solide alliance, et la seule possible dans l'état présent des choses? Sans doute, si par alliance on entend le concert de deux ou trois puissances unies pour atteindre un but particulier, spécial, intéressé, oh! sans doute, la France n'en a pas, et, voulez-vous que je vous le dise, je n'en connais aucune de semblable en Europe aujourd'hui.

A ce titre, personne, dans le temps présent, n'est l'allié d'un autre, mais tout le monde est l'allié de tout le monde, pour le maintien du repos des nations, et cette alliance vraiment sainte comprend, protége tous les intérêts et, pour longtemps encore, est la seule souhaitable, la seule possible.

Je résume, messieurs, ces réflexions, peut-être trop longues, mais que votre présence, que les souvenirs que vous me rappelez ont fait jaillir de mon esprit et de mon cœur, et je vous dis :

Le destin, c'est-à-dire un long enchaînement des choses, où il entre des fautes qu'il ne faut plus rappeler, le destin a prononcé. Personne, depuis cinq ans, n'a pu rétablir la monarchie, et l'Assemblée nationale, quoique monarchique, a voté la République. Soyons conséquents, et tâchons de faire de cette République un gouvernement régulier, sage, fécond, et pour cela, demandons à la France, par les élections futures, d'imprimer au gouvernement l'unité de vues dont il a indispensablement besoin.

Prions surtout cette chère et noble France de ne pas laisser rabaisser, insulter l'immortelle Révolution de quatre-vingt-neuf, contre laquelle tant d'efforts sont dirigés aujourd'hui, et qui est notre gloire la plus pure et la plus populaire chez les nations, car c'est elle qui depuis trois quarts de siècle a fait pénétrer la justice dans la législation de tous les peuples. Lorsque, en effet, les blancs étaient affranchis en Europe par la main d'un sage et généreux prince ; lorsque, en Amérique, les noirs voyaient leurs fers brisés par la main d'une grande nation, c'est que l'esprit de quatre-vingt-neuf avait soufflé sur ces régions si lointaines. Certes, nous avions atteint le comble de la gloire militaire, et cette gloire, un instant éclipsée, ne périra point ; mais si la gloire militaire est

— 16 —

un soleil qui se voile quelquefois de nuages, la gloire de la civilisation est un soleil qui ne cesse jamais de resplendir. C'est elle, et j'ai pu le voir chez les nations étrangères, c'est elle qui, toujours restée éclatante même au moment de nos plus grands revers, avait réveillé en notre faveur la sympathie de toutes les nations, même les moins bien disposées pour nous. Unissons-nous donc pour conserver cette noble partie du patrimoine national, et, en ce qui me concerne, elle aura toujours pour la défendre les derniers efforts d'une vie qui tend à sa fin, mais qui, jusqu'à son dernier jour, restera fidèle à tous les grands intérêts de la raison et de l'humanité.

www.ingramcontent.com/pod-product-compliance
Lightning Source LLC
Chambersburg PA
CBHW071447060426
42450CB00009BA/2317